WindGeflüster / HANS KAMMERLANDER IST 50

WINDGEFLÜSTER / HANS KAMMERLANDER IST 50

WindGeflüster

HANS KAMMERLANDER IST 50 //
Unbearbeitete Originalzitate

Limitierte und nummerierte Sonderausgabe:
5000 Stück zum 50. Geburtstag

↘ BUCH N° 439 / 5000

THE DALAI LAMA

MESSAGE

It gives me great pleasure to join Hans Kammerlander's family and friends in congratulating him on celebrating his 50th birthday. On this happy landmark occasion, I would like to wish him a long, healthy and meaningful life.

We both belong to mountain peoples, who are used to measuring ourselves against significant challenges, perhaps because life in the mountains requires us to be resourceful, strong and alert. However, the difference is that whereas people of the Himalayas such as we Tibetans regard the mountains as worthy of our respect from a suitable distance and cross them by the most accessible passes, many adventurers like Hans feel driven to climb to the top. For us Tibetans, Milarepa, who, meditating alone in a mountain cave, eventually tamed his mind and found enlightenment, was a hero; for the climbing fraternity people like Hans who has subdued almost all the world's peaks over 8000 metres by reaching their summits is a hero too. Both kinds of men fulfilled the challenges they faced by relying on their own courage and resources, and never giving up.

Enchanted by the magnificent Himalayan landscape and the cheerfulness of its inhabitants, Hans Kammerlander has done a great deal to promote awareness of Tibet, its people and the difficulties we now face. He has also made a down-to-earth practical contribution to the welfare of local people by supporting schools and education in the region, for which I would like to thank him.

October 19, 2006

Botschaft

Es ist mir eine große Freude, mich der Familie und den Freunden Hans Kammerlanders anzuschließen und ihm zum 50. Geburtstag zu gratulieren. Zu diesem erfreulichen Anlass wünsche ich ihm ein langes, gesundes und sinnerfülltes Leben.

Wir gehören beide einem Bergvolk an, und so sind wir es gewohnt, uns großen Herausforderungen zu stellen, vielleicht weil das Leben im Gebirge von uns verlangt, dass wir findig, stark und wachsam sind. Der Unterschied ist, dass wir Völker des Himalaya unseren Respekt gegenüber den Bergen aus einer gewissen Distanz entgegenbringen und diese über die zugänglichsten Bergpässe überqueren, wohingegen Bergsteiger wie Hans den Impuls verspüren, deren Gipfel zu erklimmen. Für uns Tibeter ist Milarepa ein Held, der lange alleine in einer Höhle meditierte, seinen Geist bezwang und so die Erleuchtung fand. In Bergsteigerkreisen sind Menschen wie Hans, der fast alle Achttausender bezwang, auch große Helden. Die einen wie die anderen stellten sich ihren Herausforderungen mit Mut und allen ihren Kräften und gaben nie auf.

Bezaubert von der majestätischen Landschaft des Himalaya und der Freundlichkeit der dort lebenden Menschen, hat Hans Kammerlander viel getan, um Tibet, die Tibeter und die Schwierigkeiten, die wir gerade durchmachen, bekannt zu machen. Er hat auch selbst einen konkreten Beitrag zum Wohle der im Himalaya lebenden Menschen geleistet, indem er Schulen und die Ausbildung in jener Region unterstützt. Dafür möchte ich ihm herzlich danken.

DER DALAI LAMA
19. Oktober 2006

Grußworte

Hans Kammerlander ist einer der hervorragendsten Bergsteiger der Welt. Er hat nicht nur alle dreizehn Achttausender bestiegen, sondern auch den Mount Everest in einer siebzehnstündigen Solo-Besteigung bezwungen. Hans überzeugt auch in größten Höhen mit seinen außerordentlichen Fähigkeiten und wird in der ganzen Welt für seine Klettertechnik und seine Ausdauer bewundert.

Ich fühle mich Hans Kammerlander tief verbunden – nicht nur seiner bergsteigerischen Fähigkeiten wegen – sondern auch wegen seiner großzügigen Unterstützung des Bergvolkes des Himalaya, den Sherpa, die ihn verehren und respektieren.

Dieses neue Buch „WindGeflüster" wird zweifellos ein Bestseller.

Hans Kammerlander is one of the outstanding mountaineers in the world. Not only has he climbed all thirteen eight thousand meter peaks but he has made a solo ascent of Mount Everest in seventeen hours. Hans performs with great skill even at the highest altitudes and he is admired worldwide for his techniques and his strength.

I feel a very warm relationship with Hans Kammerlander – not only for his climbing ability – but for his generous support of the mountain people of the Himalayas the Sherpas who greatly admire and respect him.

This new book "WindWhispering" will undoubtedly be a best seller.

ED HILLARY

Über Berge – über Grenzen

Es gibt Worte, die werden intensiv gedacht, leise gesprochen – geflüstert –, um vom Wind über Berge und Grenzen getragen zu werden.

Lieber Hans,
in 15 Jahren des Engagements für bedürftige Menschen in Nepal ist zwischen uns eine tiefe Freundschaft gewachsen.

Deine Bergtouren, Erstbegehungen… waren für uns Motivation und Ansporn, um unsere Visionen der Hilfe und sozialen Projekte Wirklichkeit werden zu lassen.

Das Basislager „Mensch, Menschlichkeit" wurde nicht nur für uns dein Markenzeichen.

Dein vielfältiges Tun und Schaffen förderte stetig unsere Projekte und schafft ein Abenteuer der besonderen Art.

Diese außergewöhnliche Expedition ließ dich soziale Gipfel erkennen und besteigen. „Über Berge – über Grenzen" schließt du den Kreis der menschlichen Globalisierung „von unten".

„Aussichten erreichen – Einsichten gewinnen"

Dein Freund

KARL REBELE
Gründer und Vorstand
Nepalhilfe „Beilngries"

Klettertour durch 50 Jahre

„Ich bin am 6. Dezember geboren und brav wie ein Nikolaus"

1956 wird Hans am 6. Dezember kurz nach Mitternacht am Pizerhof in Ahornach/Südtirol geboren, als letztes Kind von Maria und Anton Kammerlander – seine Geschwister: Ida, Bertha, Sabine, Lois, Seppl; die 1945 geborene Schwester Martha stirbt im Alter von 6 Monaten.
1962 Einschulung.
1964 Großer Moosstock, 3059 m (Durreckgruppe); sein erster Dreitausender „im Alleingang".
1966 Tod seiner Mutter Maria.
1971 Einstellung als Kranfahrer bei der Baufirma Zimmerhofer in Sand in Taufers.
1974 ist das Jahr seiner ersten Erstbesteigung – insgesamt gelangen Hans mehr als 50 Erstbesteigungen, einige davon, sowie Auszüge aus seinem Tourenbuch, seien hier erwähnt:
Erstbesteigung Kleiner Fensterlekofel, 3140 m, N-Grat im Abstieg (Rieserfernergruppe).
Erstbesteigung Große Windschar, 3041 m, N-Grat (Rieserfernergruppe).
Hochgall, 3436 m, N-Wand (Rieserfernergruppe).
1975 Großglockner, 3798 m, „Pallavicini"-Rinne.
1976 Ortler, 3905 m, N-Wand.
Matterhorn, 4481 m, N-Wand.
1977 Hans absolviert die Berg- und Skilehrerprüfung
Erstbesteigung Wasserkopf, 3141 m, N-Wand (Rieserfernergruppe).
Königsspitze, 3857 m, N-Wand.
1978 Große Zinne, 2998 m, N-Wand, „Hasse-Brandler"-Führe.
Kleine Zinne, 2857 m, S-Wand, „Egger-Sauschek"; erste Alleinbegehung.
1979 Westliche Zinne-N-Wand, 2973 m, „Schweizer Weg".
Cima Scotoni, 2874 m, SW-Wand „Lacedelli-Ghedina"; dritte Alleinbegehung.
Marmolada, 3343 m, Südpfeiler „Micheluzzi".
1980 Tod seines Vaters Anton
Torre Trieste, 2458 m, „Cassin" (Civetta).
Geierwand, 2088 m, SW-Wand „Palfrader" (Pragser Dolomiten), erste Alleinbegehung.
1981 Dreiherrenspitze, 3499 m, N-Wand.
Cima Scotoni, 2874 m, S-Wand „Dibona"-Gedächtnisführe, erste Alleinbegehung.

1982 Erstbesteigung Goldkappl, 2793 m, S-Wand „Veitstanz" (Stubaier Alpen).
Erstbesteigung Zweiter Sellaturm, 2597 m, N-Wand „Plattenspieler" (Meisules).
Erstbesteigung Zweiter Sellaturm, 2597 m, N-Wand „Fata Morgana" (Meisules).
Erstbesteigung Piz de Ciavazes, 2828 m, S-Wand „Shit Hubert" (Meisules).
Erstbesteigung Heiligkreuzkofel, 2907 m, Mittelpfeiler.
Fleischbankpfeiler „Pump-Risse" (Wilder Kaiser).
1983 Erstbesteigung Cho Oyu, 8202 m, SW-Wand (Himalaya).
Großer Zwölfer, N-Wand „Molin" (Sextner Dolomiten); dritte Begehung.
Peitlerkofel, 2875 m, N-Wand „Messnerführe", erste Alleinbegehung.
Hans hält seinen ersten offiziellen Diavortrag in der Feuerwehrhalle in Ahornach sowie in Hargesheim (Bad Kreuznach/D).
1984 Gasherbrum I, 8068 m, und Gasherbrum II, 8035 m, erste Überschreitung zweier Achttausender.
Dokumentarfilm „Gasherbrum – der leuchtende Berg" von Werner Herzog mit Hans als Darsteller.
Cima Scotoni, 2874 m, SW-Wand „Via Facciri".
Piz Badile, 3308 m, „Cassin" (Bergell).
Westliche Zinne, 2973 m, N-Wand „Riesendach".
Eiger, 3970 m, N-Wand (Berner Alpen).
1985 Dhaulaghiri, 8172 m (Himalaya).
Erstbesteigung Annapurna, 8091 m, NW-Wand.
Grandes Jorasses, 4208 m, „Walkerpfeiler" (Mount Blanc-Massiv).
1986 Makalu, 8481 m (Himalaya).
Lhotse, 8511 m (Himalaya).
1987 Bucherscheinung „Abstieg zum Erfolg", sein erstes Buch.
1988 Hans übernimmt die „Alpinschule Südtirol" von Reinhold Messner.
Cerro Torre, 3128 m, „Maestriführe" (Patagonien), bis dahin schnellste Begehung im Auf- und Abstieg in 17 Stunden.
1989 Cerro Poincenot, 3002 m, (Patagonien).
1990 Heirat mit Brigitte.
Nanga Parbat, 8125 m, erste Skiabfahrt (Himalaya).
Mitarbeit am Spielfilm „Schrei aus Stein" von Werner Herzog.

6.12.1956 / ASTRONOMISCHES UND ASTROLOGISCHES //
Sternzeichen: Schütze
Chinesisches Sternzeichen: Affe
Indianisches Sternzeichen: Eule

Mond: Am 6. Dezember 1956 war der Mond zunehmend und stand im Zeichen des Wassermanns. Die humanen Wassermann-Monde sind freiheitsliebend, originell und sehr teilnahmsvoll im zwischenmenschlichen Bereich. In ihrem Leben nehmen soziales Engagement und Gerechtigkeitsstreben einen wichtigen Platz ein.

Ein überdurchschnittlich persönlicher Freiraum ist ihnen immer wichtig. Selten wird man einen Wassermann-Mond finden, der ganz normale Hobbys hat. Auch mit einem „normalen" Beruf können sie wenig anfangen. Dafür heben sie sich einfach zu gerne von ihrer Umgebung ab.

1991 Manaslu, 8163 m, (Himalaya); Abbruch wegen Tragödie: Hans verliert seine Kameraden Friedl Mutschlechner und Karl Großrubatscher.
Erstbesteigung Geierwand, 2088 m, „Variante Palfrader-Führe" (Pragser Dolomiten).
Erstbesteigung Sas Ciampac, 2667 m, Ostsüdostwandriss (Dolomiten).
Ortler N-Wand und Große Zinne N-Wand „Comici"; Zwischenstrecke Sulden-Misurina: 246 km mit dem Rad in 24 Stunden.
Rund um Südtirol. 100 000 Höhenmeter und über 300 Gipfel in 6 Wochen; Treffen auf Gletscherleiche am Hauslabjoch, später als „Ötzi" bekannt.
„Discesa al successo": sein erstes Buch in italienischer Ausgabe.
1992 alle vier Grate des Matterhorns jeweils im Auf- und Abstieg in 24 Stunden.
1993 Erstbesteigung Sas Ciampac, 2667 m, S-Wand „Kaiserschnitt" (Dolomiten).
Erstbesteigung Shivling, 6543 m, Nordpfeiler.
Ama Dablam, 6812 m, (Himalaya).
1994 Broad Peak, 8048 m, (Himalaya).
Besuch der „Honigjäger" im Annapurna-Gebiet.
1995 Ama Dablam, 6812 m.
Dokumentarfilm der ORF-Serie „Land der Berge" über Hans Kammerlander und Hans Niederwieser/Stabeler.
1996 Shisha Pangma, 8012 m, (Himalaya).
Mount Everest, 8848 m, (Himalaya); Aufstieg in 17 Stunden, bisher schnellste Begehung ohne Sauerstoff und erste Skiabfahrt.
1997 Eröffnung der Primary-School (Grundschule) in Siran-Chour/Nepal, Gemeinde Kadambas, Distrikt Sindhupalchok; für ca. 200 Schüler, Klassen 1–5; größtenteils ermöglicht durch Spenden von Hans.
1998 Kangchenjunga, 8536 m, Skiabfahrt ab 7500 m Hans erscheint auf Platz 487 der Prominentenliste „Wichtigste Österreicher" als Neueinstieg; (Anm.: Senta Berger auf Platz 486).
1999 Muztagh Ata, 7546 m, Ski-Expedition (China) K2, 8616 m, (Himalaya); Abbruch 170 m unterhalb des Gipfels wegen Lawinengefahr.
Bucherscheinung „Bergsüchtig" in deutscher und italienischer Ausgabe sowie auf Holländisch und Lettisch.
Auszeichnung „Grignette d'oro" in Lecco für seine alpinistischen Leistungen.
2000 Erstbesteigung Thang Ri, 6240 m, (Pakistan) K2, 8616 m, Abbruch wegen Schlechtwetters.
Dokumentarfilm der ORF-Serie „Land der Berge" über Beat und Hans Kammerlander.

2001 K2, 8616 m, „Cesen-Route".
Ogre, 7285 m, (Karakorum), Abbruch wegen Schlechtwetters.
Eröffnung des Shaligram-Kinderhaus in Lubhu durch die nepalesische Königin; Gemeinde Lubhu, Distrikt Patan, für 40 Kinder und 6 Mitarbeiter, derzeit 32 Kinder, größtenteils ermöglicht durch Geld- und Sachspenden von Hans.
2002 Ama Dablam, 6812 m; erste TV-Live-Übertragung einer Bergbesteigung im Himalaya.
„Internationales Jahr der Berge": Auszeichnung in Berlin zum „Offiziellen Botschafter der Berge" durch Renate Künast, damals Bundesministerin für Verbraucherschutz, Ernährung und Landwirtschaft.
Bucherscheinung „Unten und oben" in deutscher Ausgabe.
Auszeichnung „Rotary-Preis" der Region Trentino-Südtirol für seine alpinistischen Leistungen und seinen humanen Einsatz in Nepal.
Treffen mit dem Dalai Lama in Südtirol; Hans überreicht ihm einen Stein aus dem Everest-Gebiet.
2003 Nuptse East, 7804 m; Abbruch wegen Schlechtwetters, dort Erstbesteigung des Mittelpfeilers 6800 m.
Bucherscheinung „Abstieg zum Erfolg" auf Koreanisch.
Abgabe der „Alpinschule Südtirol" an einige seiner Bergführerkollegen.
2004 Eröffnung der Higher-Secondary-School (Grund- und Hauptschule) in Lubhu durch den nepalesischen Bildungsminister; Gemeinde Lubhu, Distrikt Patan, für ca. 700 Schüler, Klassen 1–10; größtenteils ermöglicht durch Geld- und Sachspenden von Hans.
Bucherscheinung „Am seidenen Faden" auf Deutsch und Italienisch.
Bucherscheinung „Unten und oben" auf Italienisch.
2005 Jasemba, 7350 m; Abbruch 400 m unterhalb des Gipfels wegen Schlechtwetters.
2006 Jasemba, 7350 m; Vorstoß bis ca. 7100 m, Abbruch wegen Tragödie: Hans verliert seinen Kameraden Lois Brugger.
Bergbuchpreis „Silberne Distel"-Itas anlässlich des Bergfilmfestivals Trient für die italienische Ausgabe des Buches „Am seidenen Faden".
6. Dezember 2006: Geburtstagsfeier zum fünfzigjährigen Jubiläum und Erscheinung des Buches „WindGeflüster" – Hans Kammerlander ist 50.

WindGeflüster

HANS KAMMERLANDER IST 50 //
Unbearbeitete Originalzitate

01 | **Ipse dixit**

𝒶ls ich ein junger Bub war, hab ich immer Angst gehabt, irgendwie alt zu sein und das Leben nicht gelebt zu haben. Ich möchte nicht leben, um aufs Leben aufzupassen.

12. November 1997

***a**ls achtjähriger Bub hab ich aus reiner Neugier meinen ersten Berg bestiegen, bin hinter Touristen nachgeschlichen. Und dieses Erlebnis war wahnsinnig intensiv und hat mich fasziniert. Und ich wollte dieses Erlebnis einfach immer wieder suchen. Und dann kommt die Routine dazu. Die Ziele müssen schwerer werden, sonst erlebst du das nicht mehr. Und heute kann ich auf einem Achttausender vielleicht dieses Erlebnis haben, das ich damals auf dem ganz, ganz leichten Hausberg hatte.

12. November 1997

DER MOOSSTOCK, 3059M / HAUSBERG VON AHORNACH / SÜDTIROL / ERSTER GIPFEL IM ALTER VON ACHT JAHREN //

Verliere nie den Rest deiner Kindheit,
das Lockere. Dann nämlich gehören
die Berge dir, sonst gehörst du ihnen.

1998

Es gilt nicht nur den Körper zu trainieren
und die bergsteigerische Technik zu verfeinern.
Es gilt vor allem auch die Psyche vorzubereiten.
Von alledem hängt nicht nur der Erfolg ab, sondern
in hohem Maße auch die Rückkehr.

1995

LAUFTRAINING IN „DIE MÖSER", OBERHALB VON AHORNACH / SÜDTIROL //

Wenn ich heute mit den modernen Kletterpatschen – mit denen ich förmlich am Fels klebe – die Touren von jenen wiederhole, die damals mit den genagelten Schuhen und mit dem Hanfseil unterwegs waren, da entsteht ein riesiger Respekt. Die waren besser als wir. Die waren uns überlegen. Ich glaube, die waren von der Moral, von der Psyche her überlegen.

16. November 2000

ARCO / GARDASEE //

Und da war ich allein in der Wand drin. Durch einen Fehler von mir steckte ich plötzlich in einer Falle, konnte nicht mehr vorwärts klettern und nicht mehr zurück. Da kam mein letztes Aufbäumen gegen den Absturz, ich war sehr nahe dran. Irgendwie hab ich es dann doch nach unten geschafft, doch mein ganzer Körper zitterte, und hinter den Fingernägeln blutete ich.

November 2000

Die Dolomiten sind für mich
immer noch die schönsten Berge.
Ich könnte auf alle Gipfel verzichten,
nicht aber auf die Dolomiten.

25. November 1991

↘ 1978
GROSSE ZINNE „HASSE BRANDLER", KLEINE ZINNE
„EGGER-SAUSCHEK", ERSTE ALLEINBEGEHUNG //

*J*eder, der selber drin ist
in der Sucht des Bergsteigens,
der wird dich nicht danach fragen, und
der andere wird dich niemals verstehen.

09. November 1999

DOLOMITEN //

Allein durch eine Wand zu steigen, ist sicher die gefährlichste Spielart. Aber das sind auch die schönsten und intensivsten Touren. Richtig süchtig bin ich danach. Da fühlst du dich frei wie ein Vogel.

28. Februar 1989

*a*uch wenn ich irgendwo einmal die Entscheidung getroffen habe umzudrehen, und es hat sich nachher herausgestellt: „Oh, da hätte ich weiter gehen müssen, das Wetter ist besser geworden", dann kann ich drüber stehen, bin mit der Entscheidung einverstanden. Seitdem hab ich Angst – ich würd schon sagen viel Angst – am Berg verloren, weil ich weiß, dass ich nicht unvernünftig in die Scheiße hineinrenne, so wie ich es als junger Bub ständig gemacht habe.

2001

Wichtig ist, dass du dich wohlfühlst, dass du die Natur um dich herum spürst – dann macht Bergsteigen unheimlich glücklich.

01. Dezember 1995

SORAPIS, DOLOMITEN //

Spannung ist immer da. Die Spannung ist sehr wichtig, sie motiviert dich, die Kräfte zu bündeln. Aber es darf nicht zu viel werden. Es darf nicht Angst werden. Angst lähmt deine Bewegungen, dann musst du erkennen, rechtzeitig umzukehren. Dann nämlich hat es keinen Sinn mehr.

1996

↘ 1991
RUND UM SÜDTIROL / 100.000 HÖHENMETER,
1200 KM ÜBER 300 GIPFEL IN SECHS WOCHEN //

Auf den Gipfeln der Berge ist nichts zu Ende,
nicht die Herausforderung und auch nicht
das rauschhafte Erlebnis.

1996

↘ 1988
CERRO TORRE, 3128 M / BISHER SCHNELLSTE
BEGEHUNG IM AUF- UND ABSTIEG IN 17 STUNDEN //

𝓜it der Angst auf dem Berg muss man immer wieder leben; ja ich würde es nicht unbedingt als Angst bezeichnen, eher als Signal, den nächsten Schritt nicht mehr weiter zu gehen.

1990

CERRO TORRE, PATAGONIEN //

S olange es nicht auf Kosten der Natur und der einheimischen Begleiter geht, hat jeder das Recht, sich da oben zu exponieren. Und wenn er glaubt, kann er sich auch umbringen da oben. Das ist seine eigene Verantwortung. Solange nicht die Sherpas wie die Sklaven nach vorne geschickt werden – was leider Gottes sehr häufig passiert.

1998

ANMARSCH INS BASISLAGER / HIMALAYA //

Losziehen vom Basislager und hinaufgehen mit dem Bewusstsein, dass man bei schlechtem Wetter ganz schlechte Chancen hat zurückzukommen – oder dass man oben warten muss in der Höhe – und dass eine schwere Ungewissheit dabei ist. Das ist für mich Abenteuer.

1995

HIMALAYA //

Sauerstoff auf dem Achttausender ist nichts anderes als knallhartes Doping. Ich würde den Vorschlag machen, dass man Sauerstoff-Besteigungen nicht mehr als Besteigungen zählt. Dann wäre es nicht mehr interessant, dann würde es aufhören. Wenn ich es so erzähle, wirkt es ein bisschen hart, aber wenn jemand oben hunderte Sauerstoffflaschen liegen sieht, dann würde er mich verstehen.

1999

BASISLAGER / HIMALAYA //

Wenn ich weit vom Gipfel entfernt bin, peile ich ihn nie mit den Augen an. Ich nehme mir nur die noch machbaren nächsten zehn Schritte vor. Wenn ich die hinter mir habe, dann habe ich ein Erfolgserlebnis. Bloß nie den Gipfel anschauen, denn der kommt nicht näher, und das zermürbt.
1998

*D*u lässt bei so einem Abenteuer mehr Energie liegen als im ganzen Jahr. Alles tut weh, gesund ist das nicht. Du fällst nachher in eine Art Bewusstlosigkeit, aber schreckst immer wieder auf.

14. Dezember 1997

HIMALAYA //

Als ich da herunter kam,
war ich einfach nur dankbar.
Ich wusste nicht wie oder wem.

JUNI 1990, NANGA PARBAT

↘ 1990
NANGA PARBAT, 8125M /
ERSTE SKIABFAHRT //

Normalerweise mach ich eigentlich das Klettern, das Bergsteigen schon so, dass man noch Zeit hat zu schauen, wo man einen Blick hinausschicken kann in die Natur. Aber zwischendurch – nicht oft –, da brauch ich schon wieder einmal so einen Test, da wird der Berg zum Sportgerät. Da schaust du nur noch auf die Uhr, da hast du keine Zeit für die ganze Schönheit rundherum.

1992

↘ 1992
MATTERHORN, 4478M / ALLE VIER GRATE
JEWEILS IM AUF- UND ABSTIEG IN 24 STUNDEN //

„Der Trick ist, dass ich mich beim Gehen voll auf die Atemtechnik konzentriere. Da heißt es immer, man soll voll einatmen. Nein: Im Endeffekt muss man nur voll ausatmen."

1998

Mir ist voll bewusst, dass ich sehr gefährlich lebe. Ich kann damit schon leben, weil ich mir dabei eigentlich wenig Gedanken mache. Ich möchte nicht ein Leben leben, wo ich nur aufs Leben aufpassen muss. Ich möchte versuchen, es zu leben.

1995

*D*ie mit Abstand
schönste Erstbesteigung
meines Lebens.

13. JUNI 1993 SHIVLING

↘ 1993
SHIVLING, 6543M /
ERSTBESTEIGUNG DES NORDPFEILERS //

i n meinen extremsten Zuständen habe ich ab und zu das Gefühl gehabt, dass das ganze Panorama vor den Augen förmlich davonschwimmt. Und die Füße werden wie Holz, sodass du mit dem Knie gegen einen Felsen klopfen kannst und du spürst es nicht mehr. Da bist du schon sehr am Limit.

1998

𝓑eim Alleingehen erlebt man alles viel intensiver – das Risiko ist viel größer. Ich war süchtig danach in meiner Jugend, hatte jedoch wenig Erfahrung, war extrem gipfelorientiert, und ein Umkehren wäre eine Schande gewesen. Es waren sicherlich die gefährlichsten Jahre meines Lebens.

Februar 1989

i ch kann es ganz schwer erklären, was das für ein intensiver Augenblick war, am Gipfel des höchsten Berges der Welt die Skier anzuschnallen. Das ist irgendwie ein Wahnsinn. Und dann natürlich den ersten Schwung hinein machen, die Überwindung. In dir drinnen ist ein tiefer Knoten. Du stehst oben, schaust hinunter, möchtest fahren, und traust dich nicht. Und eben diese Hürde überwinden, ist so was Intensives. Ist wie ein Wahnsinn.

1996 Everest-Abfahrt

↘ 1996
MOUNT EVEREST, 8848 M / AUFSTIEG IN 17 STUNDEN /
BISHER SCHNELLSTE BEGEHUNG OHNE SAUERSTOFF //

*i*ch hab es so viele Jahre im Kopf gehabt, und ich glaube, dies ist für ein wichtiges Ziel entscheidend. Du musst versuchen, jahrelang in dir Energien zu stauen. Ich glaub, dann gelingt es dir schon, innerhalb von einem Tag unwahrscheinlich viel frei zu machen, alles was man hat – ich glaub sogar mehr. Wenn man sich dann die folgenden Tage so selber sieht, hat man das Gefühl: Du bist ein Wrack, du bist fertig, alles schmerzt, auch im Kopf ist alles so leer, du bist richtig ausgepowert. Ich glaub, da lässt du so viel Energie liegen – gesund ist so was mit Sicherheit nicht, und auch nicht vernünftig. Aber die Frage, warum man das tut, ist schwer zu beantworten.

1996 Everest-Abfahrt

↘ 1996
MOUNT EVEREST, 8848 M /
ERSTE SKIABFAHRT //

*i*n Gefahrensituationen hat man gar keine Zeit, an Technik oder an Gott zu denken. Da konzentriert man sich nur noch aufs Überleben.

26. November 2000

↘ 1991
BIWAK / MANASLU //

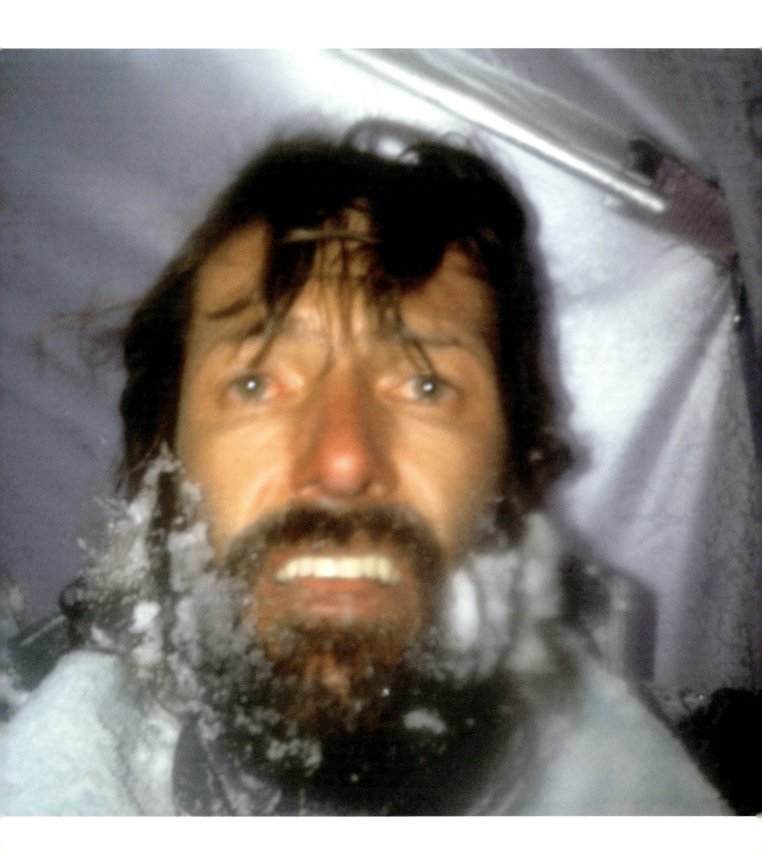

𝒹as große Problem ist die Nacht, wenn du im Biwakzelt liegst und nicht schlafen kannst, wenn du Zeit hast nachzudenken. Da kommen Unsicherheiten auf, da kommen Ängste auf, die man einfach nicht verdrängen kann.

1995

Oben, in der extremen Höhe, überkommt einen große Gleichgültigkeit. Die Angst vor dem Tod schwindet wie die Angst vor exponierten Lawinenhängen.

1998

77

Man muss das Unmögliche versuchen, damit das Mögliche möglich wird.

1992

↘ 1998
KANGCHENJUNGA, 8536 M //

*d*as Gefühl, ganz oben zu stehen, besteht weder aus Euphorie noch aus Zufriedenheit. Es ist die reine Erlösung von der Schinderei.

1999

Mein Weg ist neben dem Erfolg einfach auch durch Glück gekennzeichnet. Ich war bisher sicher mehr als nur zehnmal scharf an der Grenze, aber entweder du hast das Glück oder nicht.

07. November 1996

Wenn ich einen Plan hatte, wo die Chancen relativ gering waren, ist er mir ziemlich oft gelungen. Es ist mir viel mehr gelungen, die Kräfte zu konzentrieren, zu bündeln. Ich war voll motiviert. Wenn ich irgendein Ziel hatte, bei dem ich dachte, das müsste normalerweise schon hinhauen, habe ich meistens eins voll auf die Schnauze gekriegt.

1998

*D*er K2 ist mein letztes großes Ziel. Und ich weiß, dass ich es schaffe. Danach möchte ich ein bissl mehr aufs Leben aufpassen.

9. Mai 2001

↘ 2001
K2, 8616 M /
„CESEN"-ROUTE //

Wenn ein Versuch scheitert, weiß ich wenigstens, ob ich es erneut probieren will, oder ob es sinnlos ist.

17. November 1998

HIMALAYA //

„So, das war's".
Du sprichst irgendwohin –
keine Ahnung wohin – einen Dank aus
und gehst wieder hinunter. Oft ist man
ein bissl schwermütig.

1998

13 ACHTTAUSENDER – DABEI WIRD ES BLEIBEN //

Vor dem Tod habe ich keine Angst, ich verschwende wenig Gedanken daran. Wer einmal eine Grenzsituation erlebt hat, verliert die Angst. Was nach dem Leben kommt, weiß niemand.

1996

NEPAL //

 iele sind wichtiger als Erinnerungen.

2003

Es gibt sicher jede Menge Schwindler. Ich glaub, Jäger, Fischer, Bergsteiger, das ist ziemlich eine Kategorie. Du bist draußen in der Wildnis, du kannst im Endeffekt erzählen, was du willst, weil keine Kamera dabei ist und keine Stoppuhr. Aber mit dem, was einer sagt, muss jeder selber zurecht kommen. Und ich glaube nicht, dass ein Spitzenalpinist mit einer falschen Aussage glücklich ist.

1998

IM INTERVIEW: HANS KAMMERLANDER
UND FRIEDL MUTSCHLECHNER //

*i*ch denke, du hast im Leben einfach so und soviel Energie zur Verfügung, und hast du sie verbrannt, dann ist irgendwann Schluss.

18. September 1997

Man muss das Jahr mit Leben füllen,
und nicht das Leben mit Jahren.

Februar 1999

*D*ie Grenze wird man nie finden. Ich glaube, solange du ein Ziel erreichst, fragst du nicht nach der Grenze. Die Grenze erreichst du nur, wenn du irgendwann einmal einen Schritt zu weit gehst – aber dann ist es zu spät.
1998

NEPAL //

*a*u kriegst die innere Ruhe erst, wenn du am Ziel bist.

20. März 1998

*i*ch möchte jung sterben,
aber möglichst spät.
Ich möchte alt werden und
dabei jung bleiben.

1990

*i*ch habe mir bereits viele Träume erfüllt.
Aber dann kommen neue Träume, denn
wenn es keine Träume mehr gibt, bist du tot.

19. März 1999

Das Leben macht mir Spaß, macht mir unwahrscheinlich Spaß.

1995

AM HEIMATHAUS IN AHORNACH / SÜDTIROL //

Wenn ich einmal merken werde, der Körper macht nicht mehr mit – ich glaub, da hab ich keine Probleme. Dann gehe ich lockere Touren, geh den Weg Stufe um Stufe zurück... dann bin ich sicher sehr glücklich dabei.

2004

LOBISA SCHUPFN, 1959 M,
OBERHALB AHORNACH / SÜDTIROL //

WINDGEFLÜSTER // IPSE DIXIT 114

Einer meiner großen Wünsche: Wenn ich mit Achtzig noch dorthin steigen kann, wo ich als Achtjähriger begonnen hatte.

2005

KAMMERLANDERS HEIMATHAUS IN AHORNACH / SÜDTIROL //

WindGeflüster

HANS KAMMERLANDER IST 50 //
Unbearbeitete Originalzitate

02 | 5 x 10 Jahre

Menschen entlang des Lebens
1956–1966

„Alle meine Geschwister sind eigentlich recht brave, zivilisierte Menschen geblieben. Nur aus mir ist halt ein bisschen ein Landstreicher geworden; ich war soviel kreuz und quer unterwegs durch die Welt, aber ich muss sagen, ich fühl mich wohl dabei."

↘ IDA KAMMERLANDER
Schwester; Waidbruck

Drei Tage nach der Geburt musste ich Hans zur Taufe in die Kirche tragen. Gerade da fegte ein höllischer Schneesturm übers Dorf, der Wind pfiff uns nur so um die Ohren. Zum Schutz drückte ich den Buben ganz fest an mich. Ein Wunder, dass er diese klirrende Kälte ohne Schaden überstanden hat. Heute scherzen wir darüber, verdankt er mir doch die erste Abhärtung für seine Extremsituationen im Himalaya...

↘ BERTHA KAMMERLANDER
Schwester; Steinegg

Hans war ein sehr quirliges Kind und bereitete meiner Mutter gar manches Herzklopfen. Am liebsten turnte er in den Bäumen herum, hüpfte wie ein Eichhörnchen von Fichte zu Fichte und ließ sich kopfüber von den Ästen hängen. Andererseits schien er mir oft außergewöhnlich erwachsen. Beim Tod unserer Mutter zeigte uns Hans seinen Schmerz nicht, er weinte nicht, wie es Kinder seines Alters getan hätten. Nach der Beerdigung kletterte er auf den höchsten Baum neben unserem Hof und blieb stundenlang dort oben. Es war seine Art der Trauerbewältigung.

↘ DIE ELTERN
MARIA UND ANTON KAMMERLANDER
VOM PIZERHOF, AHORNACH

↘ HANS MIT SEINEN GESCHWISTERN:
V.L. HANS, LOIS, SEPPL, IDA, BERTA, SABINE

↘ **SABINE KAMMERLANDER**
Schwester; Ahornach

Am Vorabend des 6. Dezember scharte uns Mutter um sich und sagte, dass wir uns nun vom Nikolaus etwas wünschen dürften. Ich wünschte mir ein Kind, nicht ein Brüderchen oder Schwesterchen, sondern ein Kind für mich, gewiss ein eigenartiger Wunsch. Am nächsten Morgen war Hans da – er war für mich das Geschenk vom Nikolaus.

↘ **LOIS KAMMERLANDER**
Bruder; Bozen

Nachdem ich Hans die Grundtechnik gezeigt hatte, konnte er es gar nicht erwarten, mit mir klettern zu gehen – ich spürte, ich hatte ein unlöschbares Feuer in ihm entfacht. Leider hatte ich wenig Zeit, und so war Hans meist alleine unterwegs. Dies war für mich die sorgenvollste Zeit, weil ich sah, dass er ein unberechenbarer Draufgänger war und ihm die Erfahrung am Berg noch fehlte. Als er dann Kameraden fand wie Werner, Erich, Hubert und viele andere, war ich höchst erleichtert. Ich wusste: Jetzt ist er aus dem Gröbsten heraus.

↘ **SEPPL KAMMERLANDER**
Bruder; Ahornach

Bereits als junger Bub holte unser Vater die verirrten Ziegen aus den steilsten Wänden heraus. Selbst als die anderen Hütbuben sich nicht mehr weiter trauten, da gefiel es ihm erst recht, zog die Mundharmonika aus der Hosentasche und spielte lustige Lieder. Ich glaub, Hans hat vom Vater die Lust zum Risiko geerbt.
Für uns war und ist jede schwere Bergtour und Expedition von Hans mit Sorge belastet, und dies dauert bereits Jahrzehnte. Zum Glück hat er immer einen guten Schutzengel gehabt. Lieber Hans, wir Geschwister wünschen uns, dass deine Ziele nun kleiner und leichter werden mögen.

Menschen entlang des Lebens
1966–1976

↘ FRANZ MAIR
sein Lehrer der 4. Klasse Grundschule Ahornach mit 13 Buben und 5 Mädchen; Percha

Hans war ein ruhiger, ausgeglichener und eher schüchterner Schüler. Beim Turnen und Basteln blühte er auf, alles andere mochte er nicht besonders, das Lernen war ihm einfach zu lästig. Obwohl Hans sonst ein unauffälliges Kind war, kann ich mich noch gut an ihn erinnern anlässlich unseres Klassenausfluges zur Burg Rodenegg, denn die Geschichte des Burglebens und Rittertums fesselte ihn am meisten von allen Kindern.

↘ ROBERT KIRCHLER
Schulfreund; Ahornach

Das Schönste an der Schule waren die Pausen; wir brauchten sie für Schneeballschlachten oder Völkerballspiele – die Stunden dazwischen brauchten wir zum Ausruhen und Aushecken all der Streiche, worüber man ein eigenes Buch schreiben könnte. Mir hat das Schicksal einen argen Streich gespielt und seit zehn Jahren eine schwere Krankheit aufgebürdet. Aber ich habe das Malen entdeckt und male die Berge, auf denen du herumturnst – und ich hab sie alle gemacht, Hans, alle 14 Achttausender! Halt auf meine Weise.

↘ OTHMAR ZIMMERHOFER
erster Arbeitgeber; Sand in Taufers

Mit 15 Jahren kam Hans in meinen Baumeisterbetrieb. Er schien mir ein aufgeweckter Bursch zu sein, und so ließ ich ihn gleich an den Kran. Kran fahren ist eine verantwortungsvolle Sache, doch Hans hatte einfach eine geschickte Hand und schon bald alles im Griff. Er war ein guter und fleißiger Arbeiter. Freilich wurden am Bau auch allerhand wilde Späße getrieben, und Hans war immer mittendrin, ich erfuhr es aber meistens erst hinterher, oder wahrscheinlich gar nicht. Bedauerlicherweise war Hans nicht sehr lange bei uns, es zog ihn zu sehr in seine geliebten Berge.

↘ ERICH SEEBER
Jugendfreund; Mühlwald

Das Wichtigste bei unseren sonntäglichen Kletterfahrten war der Spaß, und wir waren übermütig genug, dass uns das Scherzen auch in den heikelsten Situationen nie verging. Ein einziges Mal schnauzte Hans mich an, bei einer Winterbegehung der Peitlerkofel-Nordwand, aber da steckten wir längst übervoll im Schlamassel. Etwas, Hans, verrate ich dir heut nach 25 Jahren: Erinnerst du dich – du im Vorstieg im schwierigen Nordwandriss der Stevia, an der Stelle, als du dann so lange auf mich warten musstest? Weißt du Hans, ich hatte eine kurze Nacht – ich bin am Standplatz ganz einfach eingeschlafen.

↘ MICHL AICHNER
Jugendfreund; Ahornach

Vor rund dreißig Jahren zählten wir Bergläufer aus Ahornach zu den Besten der Region. Hans war mit im Spitzenfeld, manchmal etwas trainingsfaul, aber beim Bergabrennen absolut unschlagbar. Kaum hatte er allerdings das Klettern entdeckt, lief er uns leider ganz davon.

Menschen entlang des Lebens
1976–1986

↘ **LUIS VONMETZ**
Erster Vorsitzender AVS –
Alpenverein Südtirol; Bozen

Hans Kammerlander ist ein Glücksfall für den Alpinismus. Als maßgebender Extremerschließer der Weltberge hat er es gleichzeitig verstanden, dem Bergsteigen die rechte Dimension zu verleihen. Es ist die schönste Nebensache der Welt.

↘ **DR. WERNER BEIKIRCHER**
Bergpartner; Sand in Taufers

Es ist schwierig im Leben, die eigenen Wünsche und Pläne mit den wahren Möglichkeiten in Einklang zu bringen, die in uns schlummern. Da gibt es Zwerge, die sich als Hochspringer versuchen, oder Krächzer als Sänger, da gibt es Manager, die zu weich, und Pfarrer, die zu hart sind. Ich kenne Lehrer, die besser Soldaten, und Dichter, die besser Klempner geworden wären. Weil auch das dichtet. Hans hat von der Natur eine einzigartige Physis geschenkt bekommen und er hat diese mit unglaublicher Konsequenz geschliffen. Er besitzt eine faszinierende, intuitive Intelligenz in Risikosituationen und er hat diese Eigenschaften zum mit Abstand talentiertesten Alpinisten verschmelzen lassen, den ich kenne.
Lieber Hans, ich wünsche dir auch für das schwierige Leben abseits von Gipfeln und Wänden einige Splitter deiner bergsteigerischen Kraft und Visionen. Weil auch das dichten muss.

↘ OTHMAR PRINOTH
Präsident des Verbandes der Südtiroler Berg- und Skiführer; St. Ulrich

Wir sind stolz, einen wie Hans in unserem Verband zu haben. Wir schätzen seine Leistungen auf den hohen Bergen der Welt und seinen natürlichen Umgang mit Kollegen und Gästen. Seine erste Skiabfahrt vom Mount Everest ist in die Alpingeschichte eingegangen. Mit unserer gemeinsamen Schlittenfahrt von Pufels werden wir dies wohl nie erreichen, sie war stilistisch doch eher mangelhaft. Hans, ich wünsch dir noch fünfzig glückliche Jahre und viel Zeit, das Rodeln zu lernen…

↘ ERICH WOLFSGRUBER
Freund und Förderer; Sand in Taufers

Hans faszinierte mich seit dem ersten Zusammentreffen durch seine positive Ausstrahlung. Ich glaubte an ihn und unterstützte ihn, als seinen Namen noch niemand kannte. Beide sind wir im Grunde einfache Bauernbuben und verstehen uns instinktiv auf der Basis der Natürlichkeit und Geradlinigkeit. Durch Hochs und Tiefs gingen wir und auch manches Gewitter an Meinungsverschiedenheiten überstanden wir. Des Öfteren muss ich ihn vor den guten Freunden warnen, den Schulterklopfern, die sich so zahlreich um Hans scharen, um sich in seinem Schatten zu sonnen.

↘ MARIANNE UND WINFRIED DURST
Freunde; Wendlingen/D

Die Hälfte deines Lebens (seit 29. Juni 1981) verbindet uns ein starkes Seil – dehnbar, flexibel und dauerhaft sicher. In dieser Zeit lernten wir dich und deine positiven Eigenschaften schätzen. Danke für wunderbare Stunden in Mustang, in Südtirol beim Gehen und Klettern oder in unserer Wohnstube bei einem Glas Wein bis spät in die Nacht.
In der Jugend des Alters angekommen, wünschen wir dir viel Glück, beste Gesundheit und Erfolg.

Menschen entlang des Lebens
1986–1996

↘ MAURIZIO LUTZENBERGER
Expeditionspartner; Sterzing

Kein Geld und kein Erfolg der Welt sind das wert, was Hans geleistet hat. Bergsteigen ist eine Leidenschaft, und das, was als Rekord bezeichnet wird, ist in Wirklichkeit ein Stück Erfahrung, ist eine Erforschung seiner Selbst.

↘ KONRAD AUER
Expeditionspartner; Percha

Vor einem Vierteljahrhundert – wir begegneten uns zufällig beim Dorfskirennen im kleinen Bergdorf Oberwielenbach. Gewonnen hat der Hans. Zwanzig Jahre später sind wir zusammen unterwegs, dieses Mal nicht zufällig. Im Himalaya und Karakorum. Gewonnen haben dort wir beide – an besonderer Lebenserfahrung und ganz intensiven Erlebnissen. Ich bin froh, einen besonderen Menschen kennen gelernt zu haben, zusammen Freude und Leid, Entbehrung und Glücksgefühle, kalte Biwaknächte und schweißtreibende Aufstiege erlebt zu haben. Und in einem Vierteljahrhundert – ich würde mich freuen, wenn wir uns dann wieder treffen am „Spanglabichl" in Oberwielenbach beim Seniorenskirennen.

↘ HANS MUTSCHLECHNER
Expeditionspartner; Niederdorf

Hans lässt einen nie spüren, wie überlegen er ist, er behandelt dich als gleichwertigen Partner und gibt dir Sicherheit; man hat das Gefühl, einfach auch „gut drauf" zu sein. Er ermuntert dich immer wieder, Eigeninitiativen zu ergreifen, selbst Entscheidungen zu treffen, er sagt nicht, du musst dies und jenes tun, sondern er erzieht dich, am Berg selbständig zu handeln. Lieber Hans, du sollst wissen, dass ich es gut finde, dass du damals nach der Tragödie am Manaslu – bei der ich meinen Bruder Friedl verlor – mit dem Bergsteigen weitergemacht hast; es nützt nichts, den Kopf in den Sand zu stecken, das hilft niemandem.

↘ ERICH ABRAM
1954 erster Südtiroler am K2; Bozen

Dein Bergsteigerleben ist voller Erfolge. Aber der größte ist, dass du noch unter uns bist. Brav! Der K2 hat dich arg gezwickt, aber du hast den Mut gehabt, wenn's nötig war, auf den Gipfel zu verzichten!
Gerade dies sollte ein gutes Beispiel für die anderen sein, die nachkommen.

↘ CESARE MAESTRI
1959 am Cerro Torre; Madonna di Campiglio

Carissimo Hans, ci sono "forti" alpinisti e "grandi" alpinisti. Tu, Hans, sei fra questi ultimi. Sei un grande alpinista, un grande uomo e soprattutto un grande cuore. Con profondo affetto e stima Ti abbraccio.

Liebster Hans,
es gibt „starke" Alpinisten und „große" Alpinisten. Du, Hans, gehörst zur zweiten Gruppe. Du bist ein großer Bergsteiger, als Mensch groß und hast vor allem ein großes Herz. Mit tiefer Zuneigung und Achtung umarme ich dich.

Menschen entlang des Lebens
1996–2006

↘ DR. LUIS DURNWALDER
Landeshauptmann von Südtirol; Pfalzen

Ich kenne Hans schon sehr lange, schätze ihn als Menschen, als Freund, bewundere ihn für seine alpinistischen Glanzleistungen. Mit seinen zahllosen erfolgreichen Expeditionen auf die höchsten Gipfel der Welt hat sich Hans nicht nur selbst einen großen Traum erfüllt, sondern als „Berg-Botschafter" unser Land weit über die Grenzen hinaus bekannt gemacht und würdig vertreten. Nicht unerwähnt lassen möchte ich seinen beispielhaften humanitären Einsatz für das nepalesische Volk. Zahlreiche hohe Auszeichnungen bezeugen den Einsatz und die Bemühungen von Hans Kammerlander.
Lieber Hans, ich wünsche dir für deine weiteren alpinistischen Unternehmungen und humanitären Projekte viel Kraft, Gesundheit und Erfolg!

↘ KARSTEN SCHWANKE
TV-Moderator; Köln/D

Mit Hans Kammerlander durch den Himalaya zu gehen ist wie ein Spaziergang mit Thomas Gottschalk durch Berlin. Keiner, der kein Autogramm wollte, keine, die ohne ein Foto weiterlief. Im Basislager der Ama Dablam (anlässlich der weltweit ersten TV-Live(!)-Übertragung einer Bergbesteigung im Himalaya) nach stundenlangen Gesprächen über den Sinn des Kletterns, die Schönheit von Frauen oder die Faszination eines Gletschers habe ich die Leute verstanden. Diese Themen – in etwa in dieser Reihenfolge – hätte ich mit Gottschalk wohl nicht diskutieren können.
Selten habe ich einen so prominenten Zeitgenossen getroffen, der so uneitel und bescheiden ist und dabei doch im vollen Bewusstsein um den Wert eines jeden Augenblicks das Leben liebt und lebt – voller Spaß, Freude und Achtsamkeit.

1996–2006
MENSCHEN ENTLANG DES LEBENS //

↘ **SERGIO TERESI**
Sponsor; Rom

Da circa 10 anni Hans è testimonial di Telecom Italia; disponibile, sempre accomodante e creativo, è un uomo-immagine molto valido e uno straordinario comunicatore.
Sul piano personale è il mio "Professore", non solo d'Alpinismo ma anche di vita vissuta: un uomo sincero e spontaneo, fanciullo e un po' folle, con una innata predisposizione al bene. Sempre "senza compromessi", sia in montagna che nella vita. Buon compleanno Hans, Tuo amico Sergio.

Seit etwa zehn Jahren ist Hans Werbeträger von Telecom Italia; immer entgegenkommend, offen und kreativ – eine Vorzeigepersönlichkeit von höchstem Rang, ein außerordentlicher Botschafter. Auf der persönlichen Ebene ist er mein „Professore", nicht nur im Alpinismus, sondern auch im gelebten Leben: aufrichtig und spontan, ein bisschen Lausbub und ein bisschen verrückt, mit einem angeborenen Hang zum Guten – immer kompromisslos am Berg und im Leben. Alles Gute zum Geburtstag, Hans, dein Freund Sergio

↘ **DR. GEORG KRAFT-KINZ**
Sponsor; Wien/A

Ich bin dankbar und stolz, Hans Kammerlander als Seilgefährten zu haben! Er hat mich und uns auf unserem Weg zur besten Beraterbank gestärkt; der Geschäftserfolg der Raiffeisenlandesbank in NÖ-Wien AG ist auch ein Erfolg von Hans.

↘ **BRIGITTE**

Am Horizont der Berg: vom Licht in den Schatten, vom Hellen ins Dunkel, vom Tag in die Nacht. Berge und Jahre mit wehenden Haaren. Wo ist die Ewigkeit? Schau dort am Horizont, der Berg: von der Nacht in den Tag, ins Licht.

WindGeflüster
HANS KAMMERLANDER IST 50 //
Unbearbeitete Originalzitate

03 | Namaste

Namaste!
Kindergrüße aus Nepal

„Es sind nicht nur die hohen Berge, weshalb ich immer wieder nach Nepal und Tibet zurückkehren muss. Es sind vor allem die Menschen, das Land. Ich liebe dieses Land mit seinen Menschen, die so glücklich sind. Das Zusammensein mit diesen Bergvölkern, das ist das Schönste. Ich habe noch nie im Leben Menschen erlebt, die so zufrieden sind wie dort. Ich bin mit vielen Sherpas eng befreundet, lebe wochenlang mit ihnen."

12. MÄRZ 1996

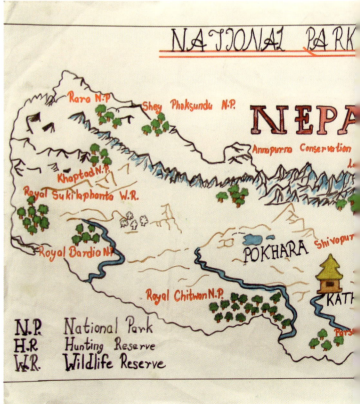

KINDERGRÜSSE
AUS NEPAL //

NAME = SAGAR Rai
CLASS = five
AGE = 13, thirteen
School = Shree Lubhoo Secondery School

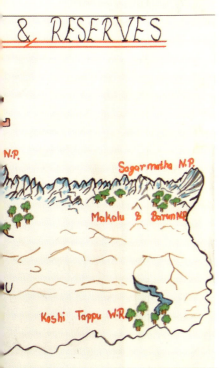

„Die Sanftmut, Ehrlichkeit und Ehrfurcht der Tibeter
vor allen Lebewesen beeindruckt mich zutiefst."
1996

KINDERGRÜSSE AUS NEPAL //

KINDERGRÜSSE
AUS NEPAL //

KINDERGRÜSSE
AUS NEPAL //

ART BY. BIPIN SHILPAKAR
AGE = 14

Name: Pawan bhujel
class: Eight (8)
School: L.S.S
Age: 14

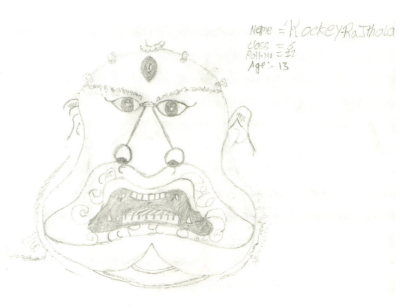

Name = Rockey Rajthala
class = 6
Roll-No = 12
Age:- 13

NAme	Amrit Gnyur
class	5
Age	13 thirteen
School	Shree Gubhoo secondary school

„Früher habe ich sie bedauert, weil sie so arm sind. Heute beneide ich sie, denn jetzt weiß ich, dass sie alles haben, was sie zum Glücklichsein brauchen. Sie leben bescheiden, in Frieden mit sich und der Natur, was bei uns leider oft verloren gegangen ist."
23. JULI 1999

KINDERGRÜSSE
AUS NEPAL //

KINDERGRÜSSE
AUS NEPAL //

„Die Kultur der Himalajavölker hat mich sehr beeindruckt, denn ihre tierische Einstellung macht sie erst so richtig menschlich. Sie handeln vielfach aufgrund ihres Instinkts, ohne Berechnung, ohne Falschheit, und ihr Leben verläuft ohne Uhr, ohne Hektik, sondern in Zufriedenheit und Genügsamkeit. Die meisten dieser Eigenschaften sind uns im Westen abhanden gekommen."
SEPTEMBER 1986

„Ich passe sehr gut zu den Sherpas, denn ihr Englisch ist genauso falsch wie meines."
SEPTEMBER 1986

Name = Amit
class = 6
Age = 13
School = श्री लुञ्च माध्यमिक विद्यालय

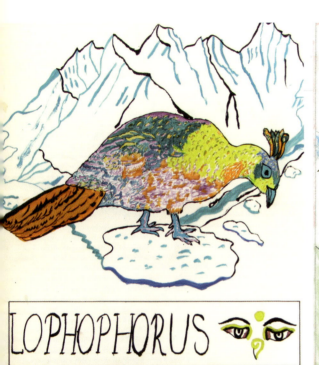

KINDERGRÜSSE
AUS NEPAL //

KINDERGRÜSSE AUS NEPAL //

„Ich war als junger Bub überhaupt nicht begeistert von der Schule, ich hab immer geglaubt, das brauch ich niemals, aber bis man dann endlich mal so schlau wird, ist es halt schon sehr spät. Was mich drüben begeistert, ist, dass die Kinder so gern in die Schule gehen, die kommen zum Teil bis drei Stunden zu Fuß daher marschiert, am Tag anderthalb hin und anderthalb Stunden zurück."
1999

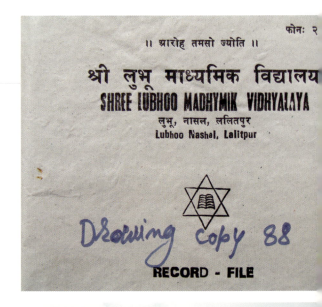

KINDERGRÜSSE
AUS NEPAL //

„Wenn ich sagen müsste, was mich mehr bewegt hat, die Freude der 150 Kinder, die an der Schule jetzt lernen, oder mein Ski-Abenteuer dort oben, würde mir die Antwort sehr schwer fallen."
23. JULI 1999

KINDERGRÜSSE
AUS NEPAL //

„Nepal ist beinahe so etwas wie meine zweite Heimat geworden."
3. DEZEMBER 1997

KINDERGRÜSSE
AUS NEPAL //

༄༅། །བཀྲ་ཤིས་བདེ་ལེགས།།

↘ INGRID BEIKIRCHER
MITAUTORIN DES BUCHES „H. KAMMERLANDER / UNTEN UND OBEN";
SAND IN TAUFERS
SIEGHARD PIRCHER
FREUND UND BERATER VON HANS; BRUNECK

Epilog

Lieber Hans,

Glück, Angst, Entbehrung, Trauer, Begeisterung, Bergsucht.
Du hast uns viel Geschichte deiner fünfzig Jahre miterleben lassen.
Wunderbare Empfindungen hast du uns geschenkt und uns angesteckt
mit deiner nie versiegenden Lebensfreude. Manche Gefühle wolltest du
für dich behalten, wir konnten sie nur in deinen Augen erahnen, jene, die
du hineingeschrien hast in den Sturm am Manaslu. Großartige Gefühle
hast du erfahren am Gipfel des Mount Everest.

Deine tiefsten Gefühle hast du nur ganz leise in den Wind geflüstert.

Womit überrascht man einen Menschen zum runden Jubiläum,
der sich die „höchsten" Geschenke bereits alle selber gemacht hat?
Wir schenken ihm sich selbst, ist unsere Antwort.
„Dein Buch" zum fünfzigsten Geburtstag enthält neben deinen
Originalaussagen noch fünfundzwanzig Aussagen über dich von
Menschen, die dich durch dein Leben begleitet haben. Menschen, die
dich mögen, so wie du bist, mit all deinen großen Werten und kleinen
Macken. Menschen, die dir wichtig sind und denen du wichtig bist.

Die Fotos sind aus deinem Originalarchiv. In einer Nacht-und-Nebel-
Aktion haben wir sie uns „angeeignet" – verzeih, aber es sollte im Buch
eben alles „von dir" sein. Dabei ging es uns vorwiegend um die Authenti-
zität der Bilder, um Augenblicke und Geschichte – und nicht um techni-
sche Qualität.

Nepal und Tibet haben dich stark geprägt und sind zu deiner zweiten
Heimat geworden. Durch die Errichtung von Schulen und Waisenheimen
hast du die wahre Nächstenliebe erwidert, die dich die Bevölkerung dort
hat spüren lassen. Der Dank der nepalesischen Schüler zeigt sich in
Bildern, in originalen Kinderzeichnungen.
Unser Geschenk an dich, Hans, ist dein Geschenk an die Kinder dieser
Welt. Der Reinerlös dieser limitierten Auflage von 5000 nummerierten
Exemplaren geht zu gleichen Teilen als Spende an die Nepalhilfe
Beilngries, die Sir Edmund Hillary-Stiftung und das Central Tibetan
Relief Commitee.

Lieber Hans,
auf weitere fünfzig Jahre
Tashi Delek, Namaste
Gesundheit, Erfolg und Wohlergehen!

INGRID UND SIEGHARD

IMPRESSUM

Idee, Konzept, Text: Ingrid Beikircher
Koordination, Organisation: Sieghard Pircher
Fotos: Archiv Hans Kammerlander,
Gettyimages (Schutzumschlag, S. 28, 36,158)
Paolo Casadei (S.7)
Layout, Design: ganeshGraphics, Lana
Druck: Athesiadruck, Bozen

Dezember 2006
Alle Rechte vorbehalten
© by Verlagsanstalt Athesia AG, Bozen

BIBLIOGRAFISCHE INFORMATION DER DEUTSCHEN BIBLIOTHEK
Die Deutsche Bibliothek verzeichnet diese Publikation
in der Deutschen Nationalbibliografie; detaillierte
bibliografische Daten sind im Internet abrufbar:
http://dnb.ddb.de

ISBN-10: 88-8266-417-1
ISBN-13: 978-88-8266-417-6
www.athesiabuch.it
buchverlag@athesia.it

↘ K2, 8616 M, HIMALAYA //

Inhalt

6	7	**Botschaft** Der Dalai Lama
	9	**Grußworte** Edmund Hillary
	11	**Über Berge – über Grenzen** Karl Rebele
12	13	**Klettertour durch 50 Jahre** Biografie Hans Kammerlander
14	115	**Ipse dixit** Unbearbeitete Originalzitate Hans Kammerlander
116	127	**5x10 Jahre** Menschen entlang des Lebens
128	155	**Namaste** Kindergrüße aus Nepal
	157	**Epilog**
	158	**Impressum**